做自己的主人

三五锄教育——著

侯志——绘

晨光出版社

在我长大之前

去掌握自己的人生，去感受充沛强烈的幸福。

去长大，去感受幸福

在为这套书写序之时，我和许多爸爸妈妈一样，刚刚度过一个焦头烂额的暑假。在餐厅、景区、酒店、博物馆、游泳池……所有亲子家庭聚集的地方，总能听到大人或无奈或哀叹甚至怒气冲冲地问某个"熊孩子"："什么时候你才能管好自己？什么时候你才能长大？"

"管好自己"，对孩子们来说，成了对"长大成人"约定俗成的判断标准。相应地，当孩子主动且坚持地践行了某个习惯，自动自发地完成了某件公共事务，抑或经过坚忍的磨炼取得了某项成就，大人就会欣慰地说："长大了，能做好自己的事了。"

如果说"管好自己"是长大极其重要的评价体系，那它涉及哪些方面的内容，不同年龄的孩子具体又该有哪些行为呈现，却始终没人能说清楚。好几次，我和一些年龄在 6~13 岁的孩子聊起"成人说的'管好自己'指的是什么"，80% 的孩子认为是拥有良好的学习习惯，考取好成绩；75% 的孩子认为是控制好自己的负面情绪，不乱发脾气；55% 的孩子认为是掌握独立生活的技能、协助料理家务……其中一位一年级的小豆包坚持认为，"管好自己"，有且只有一个标准，就是"不打弟弟"。

我和孩子们的爸爸妈妈同样聊过这个话题，发现大人对怎么支持孩子"管好自己，长大成人"的规划也并不清晰。父母们多半基于眼前孩子的成长困境，提出自己的某种展望。比如，有个爸爸指出，自己的孩子太过性急，提出要求无法马上实现就会大发脾气，希望孩子能学会"延迟满足"；有些父母期盼着，在当下快速消费的时代，孩子能学着算好财务账，不乱花钱，有"财商"；有几个妈妈认为，孩子房间太乱，容易丢东西，希望孩子做好"整理收纳"；更多的父母觉得孩子没有具体的目标，遇到困难很容易一蹶不振，希望孩子提高"抗挫力"；几乎所有爸妈都忧心忡忡，担心孩子在社交中缺少经验，遇到麻烦……没错，看起来这些都是"长大成人"非常重要且具体的内容，但似乎又不是全部。再讨论下去，爸爸妈妈们也会陷入迷惘：我们期待的孩子的"长大"究竟是什么？我们该怎么和孩子讲述"成长"这个既宏大，又关乎无数一地鸡毛的日子，以及众多事无巨细行为的系统图景呢？

发现了吗？无论大人还是孩子，每个人都需要一份对"长大是什么""怎样做能成长"的具体、系统的行为阐述；一份指向自我接纳、社交、财商、目标管理等方方面面的多元发展百科全书；一套行之有效，供全家人日常翻阅、讨论、实践的"家庭成长清单"。我想，这就是这套书最大的意义。

每每翻阅这套书，我总是惊叹它的"一书多用"。

首先，它是一套关乎长大的"打怪闯关行为清单"。从五六岁的孩子到十三四岁青春期的孩子，都可以在其中找到适合自己的成长条目。

其次，它是一部关于成长的跨学科实用秘籍。从社会学、心理学、劳动技能诸多方面，为孩子阐明了"为什么做"和"怎么做"。

最后，也是非常重要的一点，它是日常亲子沟通的"桥梁宝典"。它使父母对孩子行为的评定，不再陷于"你没管好自己""你到现在还长不大"的质疑与否定中。这套书所呈现的温柔、细腻和积极思维，推动着小读者和家人们携手步入"长大"这一浩大广袤的岁月丛林，主动承担起每个人自我成长的责任，并由此完成每个家庭梦寐以求的"成长超越"。

每个流传久远的故事，都构建在某个英雄最后"长大成人，并获得幸福"的情节之上。我希望，并深深相信，每个阅读过、实践过这套书的孩子都能"长大成人，并获得幸福"，因为经由这套书，你们一定已经意识到，所谓长大与幸福，不是唾手可得，无法仰仗他人；更不是"金钱"、"游戏"、"短视频"或者"成绩"的绝对代替品，绝不是。

真实的长大和幸福，就在你对自己的接纳中，在你对他人的理解与支持里，关乎你在家庭和社会的创建。

行动起来！去长大，去掌握自己的人生，去感受充沛强烈的幸福。

☑ 目录

做自己的主人

1 接纳真实的自己，避免陷入"完美主义"陷阱

比起虚无缥缈的"完美"，真实才最打动人。

你有没有过这样的经历，老师布置了手工作业，你做了很多遍，却始终觉得不够完美，甚至对自己发脾气。最终，你自暴自弃，干脆连交都没有交……

事实上，追求完美是对自己高要求、有上进心的一种表现，这本身是一件值得鼓励的事。但如果为了追求完美，而导致自己原本要做的事半途而废，那就是本末倒置、得不偿失了。

要知道，一个事物是否"完美"，并没有绝对的标准。就像面对一张染了墨滴的白纸，如果你追求的是洁白无瑕的白纸，它自然就是废纸一张；可对艺术家来说，他却可以从一个墨点看到一张魅力无穷的泼墨画。

你对自己的手工作品不满意，是因为你想要达到的高标准并不在你当下的能力范围内。然而，比起那个虚无缥缈的"完美"标准，你为之付出的努力都是切实存在的，你用心制作的作品也会呈现出独属于它的真实之美。

心理学家荣格说："比起做个好人，我更愿做一个完整的人。"只有接纳真实的自己，享受自己在每件事里得到的专属体验，你才能更了解自己，自然而然地发展自己，不断地勇敢尝试，让下一次的作品更接近自己心中的"完美"。

2 诚实是很重要的

诚实是基本的品德，而言行一致是诚实的基础。

你总听父母或老师强调诚实很重要，可诚实到底是什么，怎样做才算诚实呢？

诚实是形容人品行的赞美之词，形容一个人守规矩，说真话，言出必行，言行一致。德国哲学家康德评价诚实为"比一切智谋都好，因为它是智谋的基本条件"；儒家经典著作《孟子》中也说"诚之者，人之道也"，意思是"诚实是为人的基础"。

如何做一个诚实的人？把自己所思所想一五一十全表现出来就是诚实吗？

并不是。考虑下面两种情况后的言行一致才是诚实的基础：

第一，保护他人的善意情感。比如，奶奶自己不舍得吃却专门为你留的糖果，你可能并不喜欢，但如果你直接说出来，奶奶可能会很难过。因此，这时你可以直接说声"谢谢"，收下糖果，之后再分享给别人，这样也不枉费奶奶的一片心意。

第二，分清客观真实与主观判断的区别。比如，你只看到弟弟在踢足球，这是客观真实；而你猜是弟弟用足球踢碎了花瓶则是主观臆断。虽然弟弟踢球与花瓶破碎两者间可能存在强关联，但如果你没亲眼看到就断定打碎花瓶的一定是弟弟，就可能引发"冤假错案"，伤害弟弟的感情。

3 为什么我们有时会找借口？

若总是找借口，就很难获得成长。

做错事或不想做某件事时，你是不是经常会忍不住找借口试图"骗"过别人甚至自己，比如，"我没有交作业是因为我家的狗啃烂了我的作业本？"

我们都知道，借口就是为了逃避责任或者避免被指责而找的"理由"。当我们犯错或者不愿意做某事时，内心会产生一种害怕被惩罚的不安或内疚感，为了减轻这种不舒服的感觉，大脑会趋利避害，自动搜索出一个看似合理的借口，让大家相信你做事出错或没完成某件事是确有原因的。

尽管借口有时的确能帮我们避开一些麻烦，但只要是借口，就总有露馅儿的时候。如果习惯了遇事找借口，我们不仅会故步自封，不能直面自己存在的问题，还会因此失去别人的信任。久而久之，就会陷入一种消极的自我麻痹之中，错失成长和进步的机会。

要想改变这种习惯，我们首先要增强自我意识，认识到找借口的危害。其次，我们要学会正视自己的问题和不足，勇于承担责任，及时纠正和改进自己的行为。最后，我们还需要培养积极的心态和习惯，做了正确的事情就及时奖励自己，用积极的反馈机制让自己变得更加优秀和自信。

4 这次又为懒惰找了什么借口？

想摆脱懒惰，先要明白背后的原因是什么。

我们每个人几乎都遇到过下面的情况：不想打扫卫生，就跟爸妈推脱说作业还没做完；懒得去给外婆送东西，便找理由说身体不舒服；不愿意帮同学练习演讲，就借口说家里临时有事。总之，当遇到不喜欢、不愿做的事情时，我们总能为自己的懒惰找到各种借口。这似乎已经成了一种行为惯性。但仔细想想，我们拒绝做一些事情，难道真的只是因为"懒"吗？

归根结底，之所以会懒惰，其实是身体或心理的原因阻碍了接下来的行动。身体上的原因可能是疲劳、营养不良等健康问题，导致身体"懒洋洋"的，没有力气。心理上的原因则较为复杂，比如缺乏动力，没有足够的激励能鼓励自己完成；比如还没开始做就害怕失败，因为未知，所以逃避；再比如平时过度依赖他人，独自面对困难时，就下意识地选择放弃。

对于身体原因导致的懒惰，我们需要先休息或吃饭，来补充能量，缓解不适。而对于心理原因导致的懒惰，有格式塔心理学来帮大忙！格式塔心理学认为，人有一种"完形"的倾向。一件事一旦开了头，你就会更倾向去做完它。所以，要打败"懒惰"，请先勇敢地迈出第一步吧。

5 那些你随口答应却没做到的事

责任感能帮你改掉冲动与盲目。

妈妈让你出门时带上垃圾，你随口答应，却在听到朋友呼唤时立刻跑了出去，没有拿垃圾；朋友约你周末一起玩，你一口应下却没有去……生活中，总会有这样随口答应却没能做到的事，你还因此被贴上了"不负责任"的标签。你感到很委屈——自己并非故意，为什么又总会忍不住随口答应呢？

心理学家阿尔弗雷德·阿德勒说："孩子们的行为往往是他们对环境的反应。"你会随口答应，可能一方面还没意识到承诺是一种需要履行的责任，另一方面是对自己的能力没有清晰的认识，也还没有学会控制自己的情绪和行为——当面对诱惑或压力时，很容易做出缺乏谨慎思考的草率决定，事后才发现自己无法履行。

然而，不管出于什么原因，那些你随口答应却没做到的事，都会严重影响你的信誉，给你带来不可估量的危害。要怎么改掉这种随口答应的坏习惯呢？先判断自己的能力，能完成，再答应。

同时，还要学会承担责任。当无法履行承诺时，要诚恳地向别人道歉，并尽力采取措施弥补对方的损失。明白责任的重要性后，你自然就会更加慎重地对待承诺。认真评估自己的能力，拒绝做不到的事，"不负责任"的标签自然也会离你而去。

6 爸妈什么事都要帮我做，我该怎么办？

独立不能只靠言语争取，更要用实际行动来证明。

你是父母的宝贝，从小习惯了大人包办一切——穿什么衣服，读什么书，上什么兴趣班，都由大人做主。可是，你慢慢长大，有些事想自己做主，大人却总说"你还小""我是为你好"，依旧帮你代劳一切，这让你感到很苦恼，不知如何是好。

其实，父母之所以会这样，一是因为路径依赖，"代劳"已经成了他们对你表达爱的习惯方式；二是因为他们对你不放心，希望能帮你把可预见的"坑"都避开，避免你走弯路。

父母的出发点或许是好的，只是他们忽略了"雏鸟要学飞就必须离巢"的道理。每个人成长的路都要靠自己去走，而父母的过度代劳会让你丧失成长的空间和走向独立的机会。

要想改变这种状态，比起同父母争吵，用行动证明自己才是更直接有效的方式。比如，不等大人叫就自己起床，整理好床铺，回到家第一时间把作业写完……你可以从这些小事开始，让大人看到你的成长，知道你已能独立完成自己该做的事。

等到这种信任建立起来时，或许不等你对父母说"不"，他们就会主动放手了。当然，真正遇到困难的时候，你依旧可以第一时间向父母求助，因为这也是你对他们的爱与信任的证明。

7 主动分担家务，是独立自主的表现

主动完成家务的过程，是帮自己建立自信的过程。

"我还在写作业，没时间做家务。""妈妈说我还小，不用做这些。"……看到父母在家里忙前忙后，你会不会像这样，因为嫌麻烦而为自己找各种各样的借口而不主动去帮忙呢？

我们每个人都是家庭的一分子，家务活是大家在日常生活中产生的，并不只属于妈妈或者爸爸。既然如此，无论年龄大小，主动承担自己能力范围内的家务，都是一个人有担当、有责任感、独立自主的体现。

家务有难易之别，年纪尚小的你可以先从力所能及的事情开始，由简单到复杂循序渐进地去做。比如，看到妈妈正在做饭，你可以主动帮大家分配好碗筷；等到吃完饭，再把碗筷收拾起来放进水槽中；另外，你还可以把垃圾清理干净并倒掉。等到年龄稍大一点，你还可以扫地、叠被，洗一些简单的衣物，等等。

其实，在积极参与家庭劳动的过程中，你也会逐渐建立更多的自信。通过做家务，你会发现，原来自己可以独立完成这么多事情，并且还完成得很不错。

当习惯了主动做家务，你在做其他事情时也会变得细心有条理，并且也更能体谅他人，珍惜别人的劳动成果。

8 学会独处，是成长的必经之路

真正的成长，是既能享受人群中的热闹，也能享受独处时的安静。

你有没有遇到过这样的情况，在学校里跟大家一起热热闹闹、同出同进时，你感觉很安心自在；可一旦需要独自待着，你就会坐立难安，总想找个人陪。

你不喜欢独处，或许是因为恐惧，担心自己在独处环境中无法应对意外情况的发生。人是群居动物，跟同伴在一起能让你感到安全，这无可厚非。然而，如果总是处在热闹的环境中，我们很难做到深度思考。只有在独处的时候，我们才能把注意力全部集中到自己身上，用耐心和专注力去解决问题、完成任务。学会独处，是迈向自强自立的重要一步。

卡耐基在其著作《人性的弱点》中总结道，每天为自己安排独处的时刻，是能使我们发现自我与众不同的重要方法之一。在独处的时光里，我们可以反思过去，思考未来，也可以发掘自己的潜能和兴趣。独处让我们有机会听到自己内心的声音，了解自己真正想要的是什么。古人讲"慎独"，就是告诉我们，一个人独处时的表现才能体现出他真正的修养。

越长大，你越能发现独处时间的宝贵。独处不是与世隔绝，也不是不再与人交往，而是在纷繁的外部世界之外，寻找迈向自己内心世界的路，发现真实的自我，找到突破自我的方式。

9 独自在家时，你听到急促的敲门声······

一定不要让别人知道你是一个人在家。

"咚咚咚！咚咚咚！"你独自在家，门外突然传来一阵急促的敲门声，这时你会怎样应对？

首先，当独自一人在家时，你要锁好门窗，保管好钥匙，将钥匙放在自己可以拿到的地方，千万不要因为粗心而把钥匙落在门口，让坏人有机可乘。

听到外面有人敲门时，你可以先透过猫眼去看对方是否是你认识的人。如果对方是你认识的长辈，你可以和他们说明父母不在家，请他们改天再来，并及时告知父母。如果对方是你不认识的人，你可以通过他们的穿着来判断他们是什么人，并询问他们前来的目的。当他们要求进入家里时，你可以回应他们现在不方便，让他们下次再来。如果他们仍在门口徘徊且没有走开的迹象，你可以把电视声音调大，假装家里还有其他人在。如果有陌生人得知只有你一个人在家后开始猛烈敲门，此时你要保持冷静，及时拨打110向警察求救，尽快联系父母告知情况，并大声呼唤请求邻居们帮忙。

总而言之，独自在家时，你一定要加倍小心，时刻保持警惕，以应对各种突发情况。

10 紧张时，你不知不觉做出的小动作

肢体语言有大作用。换个小动作，把紧张呼出体外。

课上突然被老师抽查背诵课文时，考试快结束但题没做完时，你会不会不由自主地做出挠头、啃指甲等小动作？

社会心理学家埃米·卡迪经过研究发现，肢体行为像语言一样，不仅会影响他人对我们的看法，更重要的是会影响我们的自信心。如果我们采取自信的姿势和动作，比如抬头挺胸、舒展身体，即使我们对眼前的状况并不了解或是没有把握，也会因为自然舒展的姿态而感到内心充满力量。

相反，挠头、啃指甲等不起眼的小动作则会形成一种心理暗示，告诉大脑"现在不是安全状态"，导致我们难以集中精神，专注思考。更严重的情况下，一些不良的小动作还会对我们的身体造成伤害！比如，有些人紧张时会咬面颊内侧，久而久之可能引发口腔溃疡或慢性炎症；而咬手指甲会让细菌乘虚而入，引发相关疾病。

不过，要想控制自己完全不做小动作几乎是不可能的，不如将不良的小动作换成能让我们放松下来并加强自信的小动作——挺起胸膛，多做几次深呼吸，将紧张感集中起来，再把它呼出体外吧！

11 噩梦，退散！

放松身心，让噩梦远离。

我们睡觉时，大脑会进入浅睡眠和深睡眠等不同阶段，而在深睡眠阶段，大脑中依旧活跃的部分会将我们日常的思维、情感和记忆转化为梦境。它们可能是美梦，也可能是噩梦。噩梦中出现的一些恐怖和不愉快的事，会让我们感到害怕和不安，这种感觉甚至会持续到醒来之后。

为什么人会做噩梦呢？这可能与我们白天的所见所闻、所思所想有关。如果我们白天遇到了困难或挑战，这些情绪被带入梦中，就可能导致我们做噩梦。另外，如果我们长时间处于高压或焦虑状态，也容易做噩梦。还有医学研究证明，常做噩梦可能是身体出现疾病的征兆。

要想减少做噩梦的频率，在排除身体疾病的前提下，首先要保证充足的睡眠，让大脑得到充分的休息；还要避免在睡前使用电子设备或看一些强刺激性的影片，因为这些都有可能成为噩梦的"素材"。

另外，做到"今日事，今日毕"，有计划地完成每日目标，不将重要的事情拖延到第二天，可以减轻压力和焦虑，让我们不再在睡梦中心有挂碍。如果你感觉日常压力很大，还可以学着通过冥想或深呼吸等方式来放松自己。

12 小小年纪，也会有丢失睡眠的时候

良好的睡眠习惯和环境是获得优质睡眠的关键。

睡觉是我们每天必须要做的事情，同吃饭、喝水一样重要。然而，就像肠胃会生病，很多人也会被失眠所困扰，这当中或许也包括大人眼中无忧无虑的你。

优质的睡眠可以帮我们放松大脑，让身体得到休息和恢复。同时，睡眠还可以帮助我们巩固记忆，让我们更好地掌握知识和技能。但是，小小年纪的我们有时也会因为某些原因而丢失睡眠。身体不适，学习压力大，与同学产生了矛盾或冲突，睡前看了一场恐怖电影导致过度紧张或恐惧，这些都有可能让你陷入失眠困境，影响身心健康。

如何克服这些困难，重新找回优质的睡眠呢？

首先，我们需要培养规律的作息，让我们的身体和大脑适应固定的睡眠时间。其次，我们需要创造一个舒适的睡眠环境，比如保持房间安静、黑暗，促进体内褪黑素的分泌以改善睡眠质量；夏天还可以使用蚊帐、蚊香等工具驱离蚊虫。此外，还要注意睡前尽量避免过度饮食和剧烈运动。最后，我们还可以尝试一些放松方式，如深呼吸、冥想、瑜伽等，来帮助我们放松身心，快速进入睡眠状态。

13 一上课就想睡觉，一下课就变清醒

主动创造愉快的学习体验，在课堂上昏昏欲睡的奇怪症状自然会消失。

每天在学校，上下课的铃声仿佛变成了一个神奇的按钮，让你的身体在某种奇怪的"兴奋"和"疲倦"之间来回切换。上课铃一响，老师刚开始讲课，你就觉得瞌睡虫袭来；下课铃一响，你的精神头却上来了，清醒又兴奋。

其实，这种变化和我们大脑的运作原理有关。要让大脑保持活力、高效地运作，既需要施加适当的刺激，也需要适当放松。在得到充分休息的前提下，当从事感兴趣的活动时，大脑收到的刺激都是新鲜、兴奋的，你的注意力自然就会集中起来。

一上课就犯困的原因可能有许多种，比如，新老师的讲课节奏你不太跟得上，大脑超负荷工作，吃不消了；又如你已经掌握了相关知识，课堂上所讲的内容对你而言不再新鲜，大脑也就无法收到兴奋的刺激；再如课堂环境太过安逸，恰到好处的温度和老师低沉稳定的声线等因素会让你的大脑受到"欺骗"，错误地进入休眠状态。

无论出于什么原因，重要的是根据自己的学习情况做出分析，主动创造学到新东西的掌控感和成就感，唤醒对学习的兴趣。这样你的大脑就会兴奋起来，将瞌睡虫挡在门外。

14 午休十分钟，迎接神清气爽的下午

合理的午休能帮你赶走疲惫，提升下午的学习效率。

家用电器的使用说明书上，通常都会建议每隔一段时间就对电器进行断电养护，使其保持最佳性能。我们人体也像一台精密复杂的仪器，需要科学的养护才能高效运转。

一天有 24 个小时，虽然夜间的睡眠为我们白天的活动提供了活力，但在连续听课、学习一上午之后，中午难免会感觉困倦，这时就需要午休出场了。学生午休能有效缓解长时间学习这一脑力劳动带来的疲累感，让眼睛和大脑得到休息调整，对视力、记忆力都有好处。

虽然午休好处很多，但只有选择合适的午休方法才能达到最好的休息效果。正确的午休方法可牢记以下几点：一、午休前不宜吃得过饱或过分油腻；二、饭后先做些慢活动，不宜立刻躺下；三、避免趴睡，有条件时应采取头高脚低、右侧卧位，减少心脏所受压力；四、时长控制在半小时内最佳；五、注意周围环境，避免空调、电扇直吹身体；六、睡醒后缓缓站起，喝杯水唤醒身体。

当然，如果你实在睡不着，也不用勉强，闭目养神 10 分钟也能帮你很好地恢复精力。午休就像是疲倦旅途中的加油站，能帮我们走得更远，千万不要忽视这 10 分钟的能量。

15 要及时读懂身体发出的信号

读懂身体发出的信号，迈出关爱身心健康的第一步。

为了挑战半程马拉松，你坚持每天跑步训练。随着比赛日越来越近，你心里渐渐紧张起来，担心自己跑不出好成绩。一天，你练习跑步时，忽然感觉胸闷气短，无法集中精神调整自己的呼吸和步伐。这个时候，千万不要逞强。这是身体在发出信号提醒你，该注意休息或是调整心态啦。

可别小瞧了身体的"信号"，德国的神经生物学研究者亚历山德拉·克莱因博士指出，身体和大脑之间有着充分的互动。也就是说，我们身体的状况会影响情绪，而情绪出现问题也会通过身体发出信号。比如，当感到愤怒时，我们可能会心跳加快；当感到悲伤时，我们可能会流泪。无缘无故地流泪，呼吸节奏发生改变，流汗增多，心跳加快，都可能是身体向我们发出的关于精神的信号，告诉我们自己的情绪出了状况，需要及时采取应对措施。

身体和精神是互相影响的。想要精神饱满，身体必须健康，而想要身体无恙，情绪也必须维持在健康状态。我们要学会读懂身体和情绪的信号，关爱自己的身心，学会倾听并尊重身体发出的声音。日常进行适当的运动，多听轻松的音乐或者尝试冥想，都能对及时捕捉身体发出的信号有所帮助。

16 你最爱的食物可能是垃圾食品

理解食品给自己带来的好处和坏处，享受美食的同时也要保证营养均衡。

Q 弹的糖果、香喷喷的炸鸡、冒着快乐气泡的可乐……其中有你的最爱吗？如果有的话，那你可要注意啦！它们还有一个统一的名字——"垃圾食品"。

垃圾食品，通常指焦煳、高油、高盐、高糖且营养元素不均衡的食品，长期食用容易使人营养不良，引发高血糖、高血脂、肥胖等慢性疾病。同时，由于此类食物中大多含有防腐剂亚硝酸盐，其在人体内还会结合胺类物质形成亚硝胺，存在很大致癌风险！

油炸、烧烤食品一马当先，膨化食品位列第二，然后是腌制食品和加工肉类。火腿肠、午餐肉罐头之类的食品，不仅高油、高盐，还为了防腐和显色而添加了防腐剂、增色剂，大量食用会加重肝脏和肾脏的负担。此外，你最喜欢的饮料、果冻、蜜饯……好像全都属于危害健康的食品，这可怎么办呢？

其实，垃圾食品虽不健康，却也并非绝对不能吃。保证营养均衡的前提下，享受美食会为你带来好心情。心情低落时，一块蛋糕能够帮你振奋精神，重新出发。考完试后，用一个冰激凌、一块炸鸡作为自己获得阶段性成果的奖励，也会让你变得更加动力满满！

17 肚子不是饭桶，节制一点更舒服

自律的人生从掌控食量开始。

进入自助餐厅，看着琳琅满目的美食，你这也想吃，那也想吃，最后撑得肚子鼓鼓的，只能艰难地扶墙离开？

注意啦，我们的肚子可不是饭桶，撑得太满会严重损害健康。胃是个神奇的器官，可以把食物分解成营养物质，然后由小肠将吸收的营养输送到身体的各个部位。但是，如果我们吃得太多，胃就会过度工作，造成消化不良，甚至引起胃痛，严重的还会引发胃溃疡等疾病。除了胃肠道疾病，营养过剩还可能导致肥胖、糖尿病、高血压等。

另外，吃撑带来的胃肠道不适还会干扰你的睡眠，如果吃进去的食物中含有咖啡因或大量糖分，还会让你的身体处于清醒状态，严重影响入睡。睡眠是人体恢复体能和充电的重要保证，睡眠质量不好，进而会影响我们的身体健康和学习效率，形成恶性循环。

节制饮食不仅能让身体处于更加舒适的状态，帮我们保持健康，也是自律的最直接体现。"只吃七分饱"的标准能够帮我们更好地对抗诱惑，控制饮食——当你感觉有轻微的饱腹感，但仍然可以吃下一些食物时，就表示你已经有"七分饱"了。下次再吃自助餐时，不妨按这个标准试一下吧！

18 情绪管理是一门神奇的学问

做自己情绪的主人，学会与情绪和平共处。

同样是遇到邀请同学玩游戏被拒绝的状况，有些人会因此很伤心，游戏玩得都心不在焉；有些人则毫不放在心上，继续开心玩耍。这就是情绪的神奇力量，它时时刻刻影响着我们。

笑、哭、生气……是每个人都会出现的情绪表达方式。如何管理好情绪，其中有着很大的学问。

脑神经科学家认为，大脑可以分为情绪脑、行为脑和理智脑。情绪脑是大脑产生情绪的地方，当情绪产生时会发出警报，促使全身分泌激素，通知行为脑做出反应，接到信号的行为脑会指挥身体做出一些行为反应，比如高兴时露出笑脸，郁闷时低头惆怅等。同时，情绪脑会将警报信号传递给理智脑，但理智脑因为要进行理性分析，反应速度会比行为脑慢一些。我们有时候会在发脾气后后悔，其实这就是理智脑所给出的反应。

情绪波动较大时，要想让理智脑及时发挥作用，可以采取以下三个步骤：第一，让自己冷静，不立即回应；第二，保持理性思考，放慢说话速度；第三，换个角度思考，尝试找到事情的另一面。

管理情绪就是要调整情绪脑、行为脑、理智脑的工作机制，多让理智脑工作，有助于让我们的情绪保持健康、平稳。

19 如何应对愤怒这种感觉？

掌握身体发出愤怒信号的规律，更快驯服自己的愤怒。

非洲草原上有一种吸血蝙蝠，常常叮在野马的腿上吸食鲜血。野马无论如何暴怒狂奔都束手无策，甚至还会在蝙蝠离开后死于非命。动物学家研究表明，吸血蝙蝠的吸血量其实很少，并不会导致野马失血过多而亡，真正导致野马死亡的是它们自己的暴怒和狂奔，剧烈的愤怒才是导致它们死亡的诱因。

尽管愤怒危害巨大，但它同时也是一种很正常的情绪反应，甚至连婴儿也会有此情绪。生活中总会有各种各样的事情挑动你的情绪开关，这些诱因会不断挑动你的负面情绪，给你过度的压力和刺激，让你产生愤怒的感觉。比如，爸爸冤枉了你，还训斥了你一顿，你感到呼吸急促、心跳加速、眼白充血，甚至想要咬牙握拳、尖叫怒吼或破坏点什么来发泄。别怀疑，这就是愤怒袭来了！

虽然感到愤怒是正常的，但就像野马会死于愤怒一样，肆意发泄愤怒不仅会伤害别人，还会对自己造成不可估量的伤害。幸运的是，与野马不同，你有能力战胜并驯服自己的愤怒。

发现愤怒信号后，你可以先深呼吸让自己平静下来，用积极健康的方式来应对——跑跑步，唱唱歌，然后找出触动"愤怒按钮"的原因，问题或许就迎刃而解了！

20 你的"生气开关"不值得为小事打开

"我的情绪我做主"——可以生气，但不要总为小事生气。

你听过这个道理吗？如果杯子里盛满牛奶，碰一下，洒出来的就是牛奶；如果杯子里盛的是水，碰一下，洒出来的就是水。杯子里洒出什么，不取决于谁碰了它，而取决于里面原本装的是什么。你的情绪也是如此，生活中总会有各种原因触动你的"生气开关"，要怎样回应，很大程度上取决于你内心的状态。

每个人都会有想要生气的时候，这很正常。不过，俗话说"气大伤身"，研究表明，经常生气会给身体带来全方位的损伤，对你有百害而无一利。因此，并不是什么事都值得你打开"生气开关"。

对于一些小事，搞清楚自己内心真正的情绪触发点至关重要。比如，同学碰掉了你的作业本没说道歉——啪嗒，你的"生气开关"被触动了。这时，比起生气，冷静下来弄清楚自己在意的是哪一点，对你的成长更有益处。

无论你在意的是本子掉了，还是对方没道歉，也许对方只是真的没注意到自己碰掉了你的本子，你却因此而生气，那就是拿别人的无心之失来惩罚自己。对这种小事的过多纠结只会导致你陷入无休止的精神内耗，因此错过更重要的事。所以，一定要善待自己的情绪，不要因为一点小事就生气。

21 我们为什么会害羞？

害羞很正常，同样也可以改变。

你是一个容易害羞的人吗？你曾因为害羞而错过一些原本很想抓住的机会吗？

害羞也被认为是"不好意思"，通常有两种情况：一种是对新环境的恐惧与担忧，它通常会随着逐渐适应新环境而减少；另一种是基于自我意识而对他人评价产生的预期性担忧，比如，害怕被拒绝，害怕说错话被人嘲笑。这种害羞表现反而会随着成长逐渐增加。

害羞是种正常的情绪，不是只有你会害羞，每个你见到的人都有可能比你更害羞。不过，过于害羞的人容易陷入"社交焦虑⇌逃避现实"的恶性循环，影响正常的人际关系和社会生活。

要想改变这种情况，首先要提高自我认同感。别人的评价好与坏都不会对你的能力和价值有任何加持或减损，但你对自己的肯定与自信一定会带来巨大的回报，要不断告诉自己："我值得被夸赞，也不惧批评。"

另外，保持微笑可以帮你克服社交恐惧，能表露快乐的面部表情会给人积极的情感体验。对方接收到善意信号后，或许会主动过来找你攀谈。如果你因为不善言谈而害羞，平时还可以多对着镜子练习讲话，减少交流时的心理包袱。

43

22 性格内向就是不好吗？

每个人都是独特的个体，内向、外向不过只是个标签。

妈妈到学校开家长会，听老师说你成绩优异，和同学们也相处愉快，唯独就是有点内向，不喜欢展现自己。比如，你不喜欢主动举手回答提问，选班干部时也不积极参与，学校里的文艺表演更是很少见你报名参加。回到家，妈妈说希望你不要这么内向，要多多表现，让大家看到你优秀的样子。可你觉得很委屈，难道内向就是不好吗？

其实，性格只有不同之分，没有好坏之别。相比热衷于社交活动的外向者，内向者只是更喜欢花时间在独处和沉思上。孤独有时更能激发创造力，不被外界关注的氛围更容易让内向者发挥出自己的本领。历史上很多科学家、哲学家、艺术家，如牛顿、爱因斯坦、贝多芬，都是内向型的人。

因此，你不妨直接告诉妈妈，自己会听从心意来行动。比起在课堂上主动回答老师的提问，你更喜欢独自破解一道难题带来的喜悦；比起当班干部组织全班活动，你更享受和几个兴趣相投的同学来一场小型聚会；比起参加文艺表演，你更热衷独自享受欣赏或创造艺术的过程。

因为，这就是独一无二的你，无论内向还是外向，跟随自己的心意，做自己就好。

无论内向还是外向，都能结出丰硕的果实。

23 第六感是什么感?

理性平衡第六感带给我们意想不到的提示。

你有没有过这样的经历，走在大街上，突然一股强烈的不安感袭来。直觉告诉你，这里可能隐藏着危险，于是你决定换一条更安全的路线。这种神奇的感觉，我们通常称为"第六感"。

"听""视""嗅""味""触"是基本的"五感"。第六感则在五感之外，是一种融合了直觉、预感、洞察力的"超感官知觉"。日常生活中，第六感对我们的影响无处不在。除了应对危险，在工作、学习中，直觉往往也能指引我们走向正确的方向。事实上，许多商业、艺术、体育等领域的成功人士都曾声称，他们能够凭借直觉感受到市场趋势，获得创作灵感，判断比赛胜负。

尽管已知的第六感的应用场景有很多，但科学家对第六感的本质和机制仍然知之甚少。一些科学家认为，第六感可能与我们大脑的潜意识感知、记忆处理和情绪识别等能力密切相关。还有研究表明，第六感可能与基因和生物钟有关，这些因素可能影响我们的感知和反应能力。

虽然第六感帮助我们做出了一些正确的判断，但它并不是万能的。做决定时，我们不能总是依赖直觉，而是要更多地通过学习来积累实践经验，用眼睛去看，用耳朵去听，用大脑去仔细思考，依据更多客观事实做出理性的判断。

24 有人说你"笨"？

没有谁真的"笨"，每个人身上都有闪光点。

"你可真笨！"听到别人这样说，你的心里肯定很不是滋味，或许还会开始自我怀疑：为什么别人会这样说，难道我真的笨吗？

当然不会，科学研究早已表明，除了明确具有智力障碍的人，一般人的智商都差不太多。那么，为什么对方会这么说呢？

可能是你在自己不熟悉的领域，行为、思维等没能达到对方的期待。比如，你刚刚开始尝试做手工，做出的成品不太好。而对方恰恰动手能力不错，觉得你也应该达到他的水准。这就没什么可郁闷和丧气的，只需轻轻地回对方一句"这才不是笨，这说明我还有进步的可能"，然后多加练习，专注提升能力就好。

也可能是你在某些方面表现得不够出色，但在其他方面却有着出色的表现，而对方却不能全面、客观地看待你。这时，你可以耐心地向对方说明你擅长的部分，让他能够更全面地认识你。不过，也不必执着于说服对方，毕竟，每个人都有闪闪发亮的一面，没能看见别人身上的闪光点，还说别人"笨"，那才真是遗憾呢。

当然，不管是出于哪种情况，说人笨都是不礼貌、不友好的。希望你与他人相处时，能多以欣赏的目光去观察自己和别人，真诚、友好地和每个人交流。

25 "笑"对人生，不惧他人嘲笑

嘲笑是别人在拿自己的标准评判你，不要被别人的标准所影响。

知己知彼，方能百战不殆。要想打倒"嘲笑"这只怪兽，就要先摸清对方的本质。嘲笑是取笑、戏谑，它的反义词是鼓励与赞扬。视力正常的人嘲笑盲人目不视物，富裕的人嘲笑贫困的人拮据寒酸，这本身就是错误的。

你发现没有，嘲笑的本质是人在拿自己的标准去评判其他人。正如井底之蛙自己没有完整地看过天空，却因此去嘲笑翱翔天空的飞鸟，认为它是在白费力气一样。他人的评价压根儿不该成为你判断自我价值的标准。理解了这一点，下次再面对他人的嘲笑，你就能以"笑"回击，一笑而过。

另外，你有没有意识到，我们担心在表现自己时被别人嘲笑，归根结底是害怕失误或表现不佳。但事实是，每个人都有长处和不足，也都会犯错。比起担心、害怕，我们更要正视不足，明白我们仍有进步的空间，再想办法改善。如果有人因为你有不足或失误就嘲笑你，那你大可以摆出积极的态度大方回应他："我知道了，我会努力争取下次做得更好。"

要知道，每个人都有自己擅长或感兴趣的方向，朝着这个方向不断努力就好，不必因为担心被嘲笑而放弃展现自我。

26 有话就说，别压抑自己

主动出发，寻找开口表达的机会吧。

老师提问，你知道答案却组织不好语言；你不赞同朋友的说法，却不知该如何表达……遇到类似情况，你是否最终都选择了沉默？然而，说话的目的不仅是传递信息、表达观点，还在于抒发情感和情绪。如果一个人有话不说、有口难言，内心受到压抑，长此以往可能会因压力过重导致抑郁等。

要想更自如地开口表达，可以尝试从以下两个方面入手。

一、通过游戏的互动方式，多多锻炼开口表达的能力。比如，定期举行家庭思辨读书会，邀请父母和你一起就一个主题、一本书或一部电影进行讨论与交流；或者进行角色扮演，把自己当成老师，将学到的知识讲给家人，既锻炼表达能力，又能复习知识，可谓一举两得；还可以和熟悉的朋友一起玩词语解释、成语接龙等语言类游戏，边玩边积累词汇。

二、随时随地寻找开口说话的机会。比如，和妈妈去购物时，可以与售货员问好、寒暄；参加课外社团主动和新伙伴打招呼；积极回应父母或其他长辈对自己的询问与关心等。

开口表达不仅是我们进行社会交往的重要手段，也是排解内心情绪的好方式。如果你有话要说，那可别压抑呀。

27 想对家人说：不要随意说出我的那些糗事

即使是对最亲近的人，也需要明确表达自己的感受。

每当父母向别人分享你的糗事时，你会不会感到很奇怪，大人为什么总是对你的糗事津津乐道，他们不知道这样会让你很尴尬、很生气吗？

遗憾的是，他们可能真的不知道。就像你看到有趣的事就想和朋友分享一样，很多时候大人说孩子的糗事，并不是想让孩子难堪，而是把它当成一件可分享的趣事，甚至是一种想要表达你很可爱的"炫耀"。

当然，本身没有恶意不代表他们就可以随心所欲地说你的糗事。如果家人说你的糗事让你感到不愉快，你应该友好而坚定地说出你的感受，明确地让家人知道你不愿意，并说明不愿意的具体原因。比如，听到家人说自己的糗事，让你觉得没面子，觉得自己像一个可笑的小丑；让你认为家人不尊重、不在意自己；让你感到秘密被信任的人传了出去，觉得委屈或生气；让你感觉再次回到了当时的恐惧或难过中……

即使是最亲近的人，也不一定了解对方内心世界的真正所想，这很正常，但你可以把自己的感受表达出来，让对方知道你的界限。相信在这之后，比起分享糗事得来的一时快乐，他们会更愿意保护你的隐私与自尊，因为他们都是最爱你的人。

28 想对父母说：不要偷看我的日记

成长的边界，是需要你和父母共同面对的课题。

你有写日记的习惯吗？你的日记被父母偷看过吗？

要知道，在你很小的时候，父母了解你的所有需求，而你也会将自己的所见所思全部讲给他们听。你慢慢长大，有了更多自我意识，有了自己想要保守的秘密，与父母的沟通也逐渐趋于日常，而父母依旧习惯性地想要事无巨细地了解你，所以才会想要偷看你的日记，以通过这种方式来更多地了解你。

他们之所以会选择这种错误的方式来表达对你的关心，是因为忽略了你也是一个独立的个体，忘记了父母与孩子之间也应有边界。这时，你需要帮他们认清边界，而不是直接发火，因为愤怒是一种无效沟通，只会让亲子关系陷入僵局。

你可以坚定地对他们说出你的真实感受：你理解他们想要关心你的心情，但你已经长大了，需要有自己的独立空间，隐私被翻看让你感到不被信任和尊重，很没有安全感。同时，你也要让他们知道，当你遇到真正难以解决的问题或困难时，一定会第一时间向他们倾诉。

另外，和父母保持良好、有效的沟通，常和他们分享你遇到的趣事与烦恼，也许用不了多久，你就会发现，日记即使不上锁也不会再被偷看，因为他们已经足够了解你。

29 学会管理压岁钱，爸妈不用操心啦

学会三分法管理压岁钱，掌握理财的第一步，打造自己的小金库。

除夕夜，家家户户围坐在一起，小朋友向长辈拜年问好，收下象征祝福的红包。往年，爸爸妈妈都会要求你上交红包，今年却承诺让你自己保管压岁钱，说这是锻炼你的理财能力的好机会。兴奋劲儿过去后，你沉下心来思考，该怎样管理这笔"巨款"呢？

一次性把钱花光可不是好主意，因为这样就没有财可以理了，爸爸妈妈要是知道一定会收回承诺，不如先将压岁钱分成三份来管理。

第一份，宠爱基金，用来发展兴趣爱好。比如买喜欢的书、玩具。如果需求太多，超过预算，则要注意把需求排序，按照优先级从高到低来消费。第二份，感恩基金，用来表达心意。比如给妈妈买束花，送生日礼物给好友，甚至可以带全家去旅游。第三份，未来基金，用来储蓄。将这笔钱存到银行，既能学习储蓄知识，也可以为将来的长远目标做准备。

另外，你还可以根据需求增减基金份数，调整每份基金的比例。合理规划小金库，既能让你拥有喜欢的东西，也能让你爱的人感受到你的心意，还能给自己的未来上份"保险"。相信看到你这么能干，爸爸妈妈以后都会放心让你自己管理压岁钱啦。

30 学会装满你的"小猪扑满"

懂得金钱的意义，才能更快装满你的"小猪扑满"。

从吃饭、穿衣到购物、出行，生活中的每个环节都需要钱。那么，你知道钱最早是从哪里来的吗？

一开始，人们通过以物易物的形式进行交易，获得日常所需；后来大家的生活越来越多彩，货物也丰富起来，需要一种便携的一般等价物来衡量货品的价值，于是便诞生了货币，也就是我们日常所说的"钱"。

钱，虽然看起来不过是一张纸、一个数字，但并不能轻易得到，而是要通过辛勤劳动来获得。一分耕耘一分收获，你花的每一分钱背后，都是父母辛苦工作的证明。当然，劳动的形式有很多种，年纪尚小的你，可以努力学习申请奖学金，或参加相关学科竞赛赢取奖金。

不仅赚钱是门学问，存钱和花钱同样也有玄机。存钱可以有效提高我们的抗风险能力，我们往存钱罐里存钱，父母往银行账户里存钱，都像松鼠过冬前要储备坚果一样，是为了对抗未知的风险。至于花钱，则显现了我们对金钱的分配和管理能力，如何高性价比地花钱，需要我们好好考虑。

要想装满"小猪扑满"，赚钱、花钱和存钱的能力缺一不可。正确对待和利用金钱，任重而道远。

31 假如有人跟你借钱，你却心有迟疑

要不要答应别人借钱的请求，切记具体情况具体分析。

如今，越来越多的家长注重培养孩子的"财商"，允许孩子拥有自己的小金库，并在家长的监管下支配金钱。于是在小朋友们之间，"借钱"的行为也越来越普遍。如果有同学或朋友开了口，这钱到底该不该借呢？

顾名思义，借钱这个行为有两个核心，一个是"借"，一个是"钱"。对年纪尚小、还没有赚钱能力的你来说，就算小金库是自己的，其中的钱也几乎都是父母或其他长辈辛苦赚来的，所以使用时一定要慎重评估。你需要对对方有足够的了解，因为"借"这个行为意味着我们的钱财暂时会由他人支配，需评估对方能否做到及时归还，这也是一个人品格的体现。

我们出于对一个人的信任，相信他会把钱用于正途，而且会在有能力时归还欠款，才会同意借钱给他。如果向你借钱的人是你值得信任的好朋友，而且他有正当的需求，你就可以在征得家长同意后把钱借出去。相反，如果你对借钱人没有那么信任，也不确定他使用这笔钱是否有正当的用途，那就不要把钱借给他。

如果别人向你借钱，你却感到迟疑，不要有压力，尽可大胆说"不"，因为这是你支配自己小金库的合理权利。

63

能借我10块钱吗？拜托了！
又借啊？做什么用啊？你上次借的都没还呢！
这个不能说……但我下次一定一起还给你！
你最近为什么老借钱，难道……
破产
你想什么呢，我家才没有破产！
既然没破产，那你得告诉我为什么借钱！

32 去别人家看到喜欢的东西……

用理智战胜冲动，做出正确的选择。

你去同学家做客，看到一个非常喜欢的玩具，对它爱不释手，甚至想要把它悄悄放进自己的书包里带走……

停！此时你脑中的警铃应该响起了。如果是别人悄悄将你的东西放进包里拿走，你会是什么感受？会不会很难过，很生气，甚至认为对方是小偷？同样的，己所不欲，勿施于人。别人的东西，你无论再怎么喜欢，都不能未经主人允许私自拿走。

当然，你也不必过分自责，毕竟想和做之间有一条本质的界线。每个人都会对自己喜欢的东西产生占有的欲望，而你之所以会有想拿走的冲动，或许只是因为你还没有分清自己与他人的边界。

比起悄悄拿走，更好的办法是直接向同学表达自己对它的喜爱，询问可否将它借走几天，或者可否用你喜欢的玩具来交换。如果同学无论如何都不同意，你也可以回家询问父母是否可以给你购买。当然，征得父母同意不会是件容易的事，毕竟要想收获就必须有所付出。在询问父母之前，你需要理智地判断自己对它的喜爱到底是一时新鲜，还是因为确有所需，一旦确认了自己的内心，那就为自己的喜爱而加油吧！

33 害怕被别人拒绝

我们害怕的往往不是被拒绝，而是被否定的自己。

我们时常向别人发出请求，希望得到允许或帮助，但不可避免的是，被拒绝的情况时有发生。

比如，你被一道数学题难住，向同桌求助，却遭到了拒绝，此时你是不是感到既尴尬又难过？你可能会胡思乱想，或者急于追问对方拒绝自己的原因，然而，这样通常只会让场面变得难堪。要知道，拒绝是每个人的权利，我们要懂得拒绝，也要接纳被人拒绝。

回想一下，你也有过拒绝别人的时候，对吧？比如，好朋友想跟你交换玩具，但你很喜欢自己的玩具，不希望将它分享出去，于是就拒绝了。朋友肉眼可见地难过起来。那么，明明你只是不想借出自己的玩具，为什么会让对方感到难过呢？心理学中有一个术语叫"聚光灯效应"，指人会太在乎和自己有关的事物，并因此把问题无限放大，尽管别人根本没有这样想。所以当遭到你的拒绝时，朋友在心中放大了自己被拒绝的含义——我被讨厌和轻视了，而这种联想会让人非常难过。

明白了聚光灯效应，你拒绝别人时就可以稍加解释，或采用更谨慎的用语，以减少对方的误解。在自己遭遇拒绝时，你也能更坦然地接受，而不是没完没了地胡思乱想了。

34 和朋友约好后被爽约怎么办？

被爽约的感觉确实很不好，但不要让它左右了你的心情。

跟朋友约好一起去动物园，你满心欢喜地准备出发时，朋友却打来电话说不能去了。这时，你会怎么办呢？

凡事都有原因，与其不分青红皂白地直接指责对方，或者一个人躲起来伤心难过，不如先冷静且理智地问清楚对方失约的原因。如果对方真的遇到了必须优先处理的急事，比如他或家人生病，你需要尽可能理解并体谅对方，还可以反过来宽慰他说"没关系，我们可以下次再约"，展示出你对朋友的宽容与真诚。

当然，对方也可能会随便找个理由搪塞过去，或者还没等你问原因便挂断了电话。这种时候，你当然会感到伤心难过，但最好不要一直沉浸在难过的情绪中，并因此毁掉自己美好的一天。你可以做点自己喜欢的事情转移一下注意力，比如，可独自或另约其他好友按照原定的行程前往动物园。被可爱的动物治愈后，那些负面情绪自然也就烟消云散了。

经历过这美好的一天，等再次见到朋友时，你就能够平静地向他表达你被爽约时难过的感受了。而切身体会过被爽约时的难过，相信你也会更懂得换位思考。未来答应别人的事情，请你也一定尽力做到，好吗？

35 和好朋友吵架了要先道歉吗?

尊重和平等是建立真正友谊的基础。

你想必体验过和要好的朋友吵架的滋味吧。吵架过后,你们通常都是怎么和好的呢?是不是只要赶紧道歉就能解决"友谊危机"呢?

答案不是简单的是或否,好朋友间发生争执,首先应该做的是冷静下来思考。如果是自己做错什么引发的争吵,那么我们就有责任主动道歉,并且要真诚地表达自己对错误行为的认识,以及希望得到朋友谅解的恳切心情。

如果是朋友犯了错,但事情本身不触犯原则,比如不小心弄坏了你的本子,而你又非常了解朋友的个性,知道他只是不好意思主动开口道歉,那就可以灵活处理,主动给他创造一个敞开心扉的机会。主动并不意味着我们要委曲求全。对朋友的错误,你可以适当指出,试着让他道歉,但也不要过于执着于这一点,重要的是我们能够放下过去的不快,"修复"友谊。

当然,如果对方犯了原则性错误,比如考试作弊,你就应该坚持自己的立场,通过沟通来寻求合适的解决方案。在这个过程中,我们应该保持冷静,不要让情绪影响自己的判断和行为;更要以礼待人,尊重对方的观点和权利,因为只有在尊重和平等的基础上,我们才能够建立真正的友谊和良好的关系。

36 看到朋友穿了一件好看的衣服

懂得欣赏与赞美，做大家喜欢的贴心伙伴。

同桌小丽今天过生日，特意打扮了一番。看到小丽穿着漂亮的新衣服，你真诚地伸出大拇指，直夸袖口的设计细节满满，都是当下最流行的时尚元素。小丽听了感慨地说："你是第一个夸到我心坎里的人，其他人都只是随口说了个'好看'！"

不怪小丽如此激动，原来其他同学都不懂得赞美的秘诀。我们快一起来了解了解吧。

秘诀一：夸赞他人，态度很重要。直视对方的眼睛，让对方感受到你满满的诚意，哪怕只是一句普通的"真好看"，也会变得更"动听"。

秘诀二：要夸赞他人，注意先观察对方与平日不同的细节。只要用心观察就会发现，每个人身上都有与他人或与往日不同的细节。从"脸色红润，散发着健康活力"之类的细微之处入手，对方会感受到你诚挚的关注，当然会更开心。

秘诀三：夸赞别人，是"用爱心说实话"。每个人都希望听到别人的夸赞，但没人喜欢虚情假意的恭维。毕竟，人与人之间的交往永远以真诚、平等为真谛。

相信掌握了这些小秘诀，你会更容易发现别人身上值得欣赏的地方，会更懂得如何赞美他人，自然也会更受大家欢迎。

37 嫉妒是种什么感觉？

学会正视嫉妒心，全面地接纳自己。

最近你一想到同桌就心里酸酸的，甚至觉得他很讨人厌。原来，他在数学竞赛中拿了大奖，受到了老师的表扬和同学们的追捧，而你想到自己的参赛成绩，不免既气愤又不甘心。丁零零……警钟在这时响起，你在不知不觉中已被嫉妒心蒙蔽了。

我们往往会通过与他人进行比较来评估自己的价值和成就。当他人在某方面取得成功，自己却没达到相同水平时，我们的自我价值感就会遭到打击，内心产生被人超越的不安和不满，从而引发嫉妒心理。人一旦陷入其中，不仅自信心会被挫伤，就连人际关系也会受到影响。

不过，了解嫉妒心是怎么一回事后，对付它就不难了。三个步骤就能让你从嫉妒心理中解脱出来：第一步，挖掘自身长处，增强自信心，懂得自我肯定，就不怕被比较；第二步，以欣赏的目光看待他人，将与他人的差距看作自己进步的空间；第三步，正视比较、竞争的作用，将其化为工具，精准定位努力方向。

每个人都是独一无二的存在，有各自的优秀之处，将嫉妒心转化为欣赏的目光，你不仅能成长为更好的自己，还会发现世界处处都有美好的一面。

38 输给别人，感到丢脸没面子？

因为害怕没面子而放弃前进，才是真正的没面子。

你和朋友形影不离，上学、做作业天天在一起，可考试结果出来却发现自己差他一大截。你感觉很丢脸，心想他一定觉得你笨，不想再跟你做朋友了。而且跑步比赛你也拿了较低的名次，你觉得自己学习不够好，运动也不如人，于是陷入深深的自卑，害怕大家对自己失望，甚至想要逃避考试和比赛……

其实，输给别人感到丢脸是再正常不过的事，因为输会让人产生羞耻感。承认别人优秀，让你有动力变好，但不要只用某一个人来衡量自己。不然如果有一天你超过了他，难道就要停止进步吗？当然不是，对吧。

当你面对的是一面哈哈镜时，无论照出来的你高矮胖瘦，你所看到的都不是真正的你，只有在正常的镜子前，你才能客观清晰地看到自己真实的样子。也许，昨天你还不会骑自行车，今天就能平稳上路了。看清真实的自己，可以为成长找到稳健前进的方向，而不会因为还没赶超别人而感到没面子。

比起超越他人，每一次自我超越，都是一次重要的胜利。像游戏冲关一样，战胜一个又一个挑战，勇敢向前迈进，坚持不放弃，让自己一天比一天变得更好，才是真正让你有面子的事！

39 不敢在众人面前表达观点怎么办？

敢于表达观点是获得别人赞同的第一步。

你有没有类似这样的经历，和朋友交流时，你总能侃侃而谈，可如果面向一群人讲话，你就感觉大脑一片空白，磕磕巴巴地不知道自己在说什么，甚至想赶紧找个地方躲起来。

要想让别人了解自己的想法，我们就不可避免地需要在众人面前讲话。能在众人的注视下开口阐述自己的观点，确实不是一件容易的事，即便对大人来说也并非易事。尤其是在不熟悉的人或环境面前，身体的自我保护本能会触发我们的胆怯、逃避心理，让我们感到紧张，不过这很正常，是能够通过充分的准备与练习来克服的。

这些准备与练习可以分为日常与应急两部分。

多读书，认真学习，努力提升自己，这些都是日常要做的准备，也是最为重要的。毕竟，"腹有诗书气自华"，当你饱读诗书、阅历丰富时，自然就不怕无话可说了。另外，每天坚持大声朗读，能够锻炼你的口腔肌肉，提升口齿清晰度，使你的表达变得字正腔圆，在讲话时也更有"精气神"。

应急准备则是提前打好腹稿，将自己要表达的内容事先在心里默默想好。也可以直接写下来，纸稿能帮你做到"临危不乱"。

一切准备就绪时，你就可以勇敢地表达自己的观点啦！

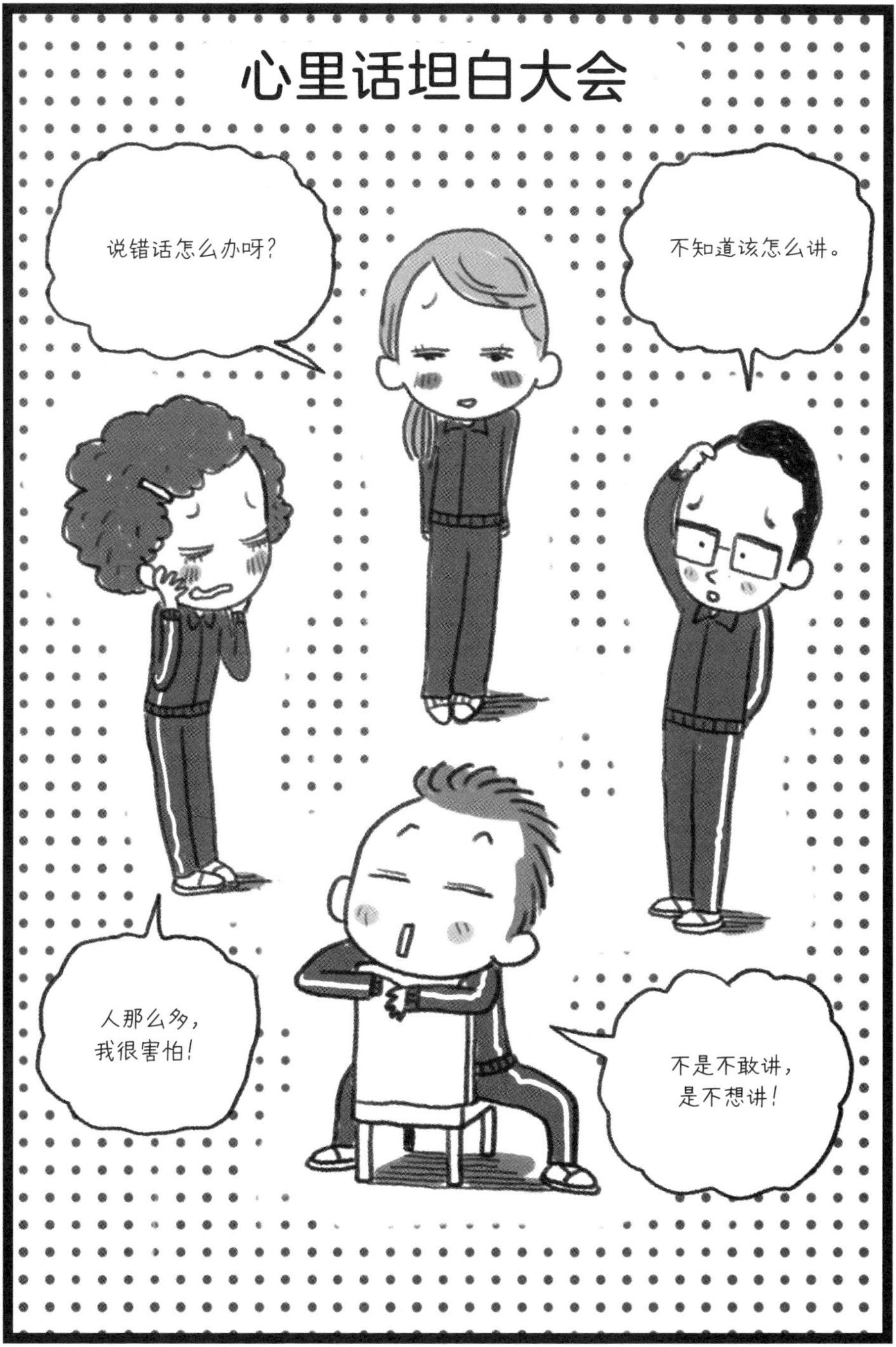
心里话坦白大会
说错话怎么办呀？
不知道该怎么讲。
人那么多，
我很害怕！
不是不敢讲，
是不想讲！

40 想太多，就容易自寻烦恼

别被自己的"想太多"困住前进的脚步。

"我今天穿的这件衣服，别人会不会觉得很丑？""如果我举手却回答错了，会不会被老师批评，被大家嘲笑？"你有没有被类似想法搞得焦躁不安？处处在意别人的目光，最后却发现根本就是自己想太多？

你已经知道了心理学中著名的"聚光灯效应"，意思是人们会普遍高估别人对我们的关注程度，并下意识地将自己的问题无限放大。但事实上，人的精力都是有限的，没有人会像你自己那样关注你，而你事事想得太多，多数时候不过是在浪费时间，自寻烦恼。

或许你会疑惑，不是鼓励多思考吗，为什么又说想太多不好呢？这是因为，想太多与多思考有着本质的不同。思考是要基于客观事实进行分析，将复杂问题简单化，越想越清晰；想太多则通常都是主观臆断，将简单问题复杂化，甚至无中生有，让自己越想越迷茫，陷入气愤、悲伤等负面情绪。

我们要学会合理对待别人的评价，接受自己的不完美，避免陷入自我怀疑的泥沼。当发现自己有想太多的苗头时，停下来，深呼吸，告诉自己："不要想太多，现在只需要专注于眼前的事情。"

41 微笑也是可以锻炼的

笑起来僵硬、不自然？你的面部肌肉该锻炼啦！

你被选为班级合唱队的领唱，可排练结束后，老师说你唱歌没问题，表情却不太自然，笑得比哭还难看。你很是苦恼，难道笑容不是天生的吗？

其实，微笑也是可以锻炼的。很多明星迷人的笑容也都不是一开始就有的，而是经过了反复的训练和调整。笑是由几十块面部肌肉收缩和协调的结果，你之所以会笑起来不好看，是因为这些肌肉没有协调好，通过合理的训练完全可以习得一张标志且得体的笑脸。

你可以拿一根筷子横放在嘴里，以牙齿咬住筷子，两边嘴角翘起，与筷子保持在同一水平线练习微笑，这时面部表情和嘴唇上扬的幅度刚好，看起来笑得自然又不夸张。你还可以每天对着镜子微笑，寻找最满意的笑容姿势。放松面部肌肉，嘴角微微上扬，用舌头抵住上颚，自然地露出牙齿，能够使笑容更加自然。另外，健康整洁的牙齿也是笑容的加分项。

当然，技巧训练只是为了帮你用更好的笑容展现礼貌与得体，发自内心的笑才最迷人。千万不要过于纠结笑容好不好看，甚至因此而自卑。自信起来，多想想开心的事，保持心情舒畅，再加上坚持训练所得的肌肉记忆，你一定会拥有灿烂的微笑。

42 有意识地训练你的声音，传递丰富的情感

看不见、摸不着的声音中也藏着一门大学问。

你有没有发现，当一个人伤心失落时，他发出的声音就会变得颤抖，甚至充满哭腔！声音是我们每个人独特的标识，能够表达出各种各样的情绪，蕴含着个性的韵味和情感的温度。如果我们的声音失去了感情色彩，就会丧失活力，变得空洞。

因此，我们可以通过有意识地练习，让自己的声音具有丰富的情感层次，这样和他人沟通时更易产生共鸣，促进交流。

既然是对情绪的表达，那么最重要的就是要"以情带声"，从理解感受入手，通过调动情绪自然而然地发声。可以通过回忆某件具体的事来触发情绪，比如，想让声音听上去悲伤，你就可以想想令你伤心的事。

另外，我们还可以通过想象来编排肢体动作以调动情绪，由此增加趣味性。例如，在唱《小青蛙找家》中"跳跳、呱呱、跳跳、呱呱"这句时，可以模仿小青蛙活泼的样子做蹦跳动作，发出的声音便会悦耳灵动。又如，在唱《太阳升起》时，边唱边想象从初升朝阳到落日余晖的情景，歌声的力度便会自然而然地出现从弱到强再到弱的层次变化。

声音能感染情绪，能给人带来丰富的感受。多多练习，让你的声音充满魅力吧！

43 有人跟你"找碴儿"时，该据理力争吗？

争论不是比谁声音大，温和清晰的表达更易被人接受。

生活中，我们难免会遇到别人"找碴儿"，这种时候，你都是怎样应对的呢？是与对方争到面红耳赤才罢休吗？

其实，比起争论不休，用有策略、有道理且有分寸的方式去处理，才是应对"找碴儿"最好的方法。

首先，要分辨争论的内容是有意义的，还是无意义的。比如，你说鸟都会飞，有人继续进一步说鸵鸟和企鹅也是鸟，但它们不能飞。这种"找碴儿"就是有意义的，是帮你补充知识漏洞，你们甚至还可以顺着这个思路展开讨论。但如果有人反问："难道你见过全世界的鸟？"这就是毫无意义的抬杠了，没必要继续与他争论，直接走开比较好。

其次，让步不一定就是认输，有时候是"以退为进"。比如，你是班长，安排班级活动时有人不同意你的分工。你可以解释你的想法，但如果一直争论，就会耽误大家的时间，这时你可以做出一些小让步，先搁置争议，确定大家都同意的部分。有争议的部分之后再用投票的方式决定，或者向老师寻求帮助。这样既避免了争执，又能顺利完成任务。

如果你只靠口舌争论，很难真正说服对方，而一个进退有度又善用策略的人，更容易得到大家的信任与支持。

44 越是着急的事，越不能心急

越发紧急状况别急着行动，先深呼吸几下冷静冷静。

你知道吗，心理学家丹尼尔·卡尼曼提出，我们大脑里有系统 1 和系统 2 两个系统在工作：系统 1 会根据简单、直观的想法和以往经验，无意识地快速做出反应；系统 2 具备推理、判断功能，在经过系统的思考后才会采取行动。

一般来说，系统 1 会率先工作。比如，一旦我们学会骑自行车，之后便都是由大脑的系统 1 根据以往的学习经验，指挥身体做出骑车所需的相应动作。

不过，由于快速反应的特性，系统 1 的运作偶尔也会带来麻烦，让我们手忙脚乱。比如，当你发现自己的东西不见了，第一直觉可能是"东西丢了或被偷了"，伤心、生气等负面情绪一齐出现，心神被扰乱，便会着急行事。长此以往，我们容易养成急躁、冒失的性格，甚至会影响身体健康。

而系统 2 尽管比系统 1 运行得慢，但它做决定时会调动推理、自我控制及前瞻思维，经过深思熟虑后，为非常规情况找到最佳应对办法，能使我们避免在紧急情况下做出错误决定。

因此，越是面对紧急的突发事件，越不能根据系统 1 的指令冲动行事。最好先做几个深呼吸，尝试冷静下来，主动调用系统 2 进行慢思考，客观地分析状况后再做决定。

45 听到班里的谣言，不要参与传播

谣言猛如虎，但你可以选择让这只老虎停下来。

A同学最近一直请假，你正疑惑之际，听到班上同学议论纷纷，先是有人说他的家长离婚了，又有人说他因此得了抑郁症，还有人说好像在心理诊所附近看到了他；同桌甚至还悄悄告诉你，他很可能已经住进了精神病院。消息一个比一个离谱，你怀疑这些全部都是谣言，却不知该如何阻止流言在班里传播。

你发现没有，谣言的产生往往没有事实依据，内容充满戏剧性，很容易在好奇心强的群体之间迅速传播、扩散。因此，当我们听到有噱头的消息时，要提高警惕，学会去核实并甄别信息，不盲从盲信。

另外，言语对人造成的伤害也不容小觑。谣言不仅会引发旁人的猜忌，削弱人们之间的信任，更会让当事人深陷其中，感到被孤立和伤害。而且，如果谣言不能及时被制止，当事人就会反复遭受精神上的"暴击"。从这个角度来说，所有传播谣言的人，都是对当事人的二次伤害。

下一次，如果你听到谣言，切记不要参与到这个传播链条中。毕竟，"造谣一张嘴，辟谣跑断腿"，让谣言和其所造成的伤害在你这里停下来，也是一种成长与责任。

46 只因意见不合，将某人划为"讨厌的人"？

学会尊重与自己不同的意见，是成长的必修课。

电影院上映了一部新片，你迫不及待地和同学们分享影片的精彩之处，但有个同学跟你意见不合。你因此决定将他列为"讨厌的人"……可是，这样真的对吗？

其实，我们总会遇到与自己意见不合的人。即使是朝夕相处的父母或同学，大家也不可能永远意见一致。因为每个人都是独立的个体，在不同的生活环境和文化背景下成长，自然会形成不同的个性、思维方式、价值判断和行为标准，这就像"一千个人眼中有一千个哈姆雷特"，每个人的意见无关对错，只是视角不同而已。如果仅仅因为对方跟自己意见不合，就轻易地给他打上"讨厌"的标签，那可真是太不明智啦。

那么，我们该怎样面对与自己意见不合的人呢？首先当然是不要生气，也无须非要论高低，争对错，更不要试图改变对方的想法。毕竟，人和人之间有不同的意见很正常。其次，有人跟你意见不合也不见得是坏事，或许他可以为你提供一个崭新的视角，让你有机会更全面地看待问题。

所以，当你下一次遇到与自己意见不合的人时，不妨以包容和接纳的心态，尝试站在对方的角度想一想吧。

47 帮助别人，就是帮助自己

助人为乐并非单纯的利他主义，而是一种包含自我利益在内的全面考量。

你也许听妈妈或老师讲过雷锋的故事，也知道助人为乐是我们中华民族的传统美德，但有时候，你是否会觉得帮助别人好麻烦，想对别人的困难视而不见？

当然，如果你确实力有不逮，或者有更重要的事情要忙，这样做其实无可厚非。不过，在力所能及的情况下，还是建议你尽量帮忙，因为很多时候，帮助别人，其实也是在帮助你自己。

人类作为群居动物，在演化过程中习得了协作精神。在帮助他人的过程中，我们能够获得自己情感上的满足，享受社会、大众对自己的认同和褒奖。就像雷锋成为人人学习的榜样一样，每个人的助人行为都可能产生连带效应，激发其他人也加入帮助他人的行列，形成积极的连锁反应，让整个社会变得更加和谐美好。

另外，正所谓"赠人玫瑰，手有余香"，帮助别人也是自我成长和自我实现的途径。比如，你教会同学解题的同时，也巩固了自己的知识。通过帮助他人，我们能够扩展自己的视野，学习新的知识，掌握更多的技能，这些都可能在未来的某个时刻派上用场，成为我们一生的宝贵财富。

48 同学之间发生矛盾，要怎么调解？

引导换位思考，转移不良情绪，是调解同学矛盾的两大法宝。

你的两个同学发生了矛盾，冷战僵持，谁都不肯让步。为了缓和气氛，你决定去调解一下。具体要怎么做呢？

首先，要弄清楚矛盾产生的原因。每个人都有自己的个性，不同的个性相互碰撞，就会产生分歧，引起矛盾，如开玩笑没把握好尺度，或者沟通中产生了误会，这些都可能是引发矛盾的原因。不过，只要不涉及原则问题，这些矛盾都较容易被化解。

因此，调解矛盾时一定要就事论事，不延展，不扩散，不偏袒任何一方，更不要武断裁定谁对谁错。比如球场上，一方认为应该打配合传球，另一方觉得直接上篮更有把握。这其实就无关对错，只是各自判断不同罢了。

参与调解时，你首先要保持冷静，不能感情用事，同时要观察双方的情绪，避免激化矛盾。你可以引导他们换位思考，分析矛盾的原因。或许他们站到对方的立场时，就能理解彼此的想法了。同时，你要鼓励他们看到彼此的优点，而不是沉浸在矛盾的情绪之中。换位思考，转移不良情绪，矛盾也会烟消云散。

当然，也有一些矛盾可能是你没有能力调解的。这时可以向老师或家长求助，以免同学之间的矛盾累积过深，破坏同学之间的和谐关系。

49 对欺凌行为坚决说"不"！

对欺凌行为的忍让，就相当于对欺凌者畸形控制欲的纵容与鼓励。

你走进教室，发现同学们不知为何都对你视若无睹，还总在背后小声议论你，后来甚至发展成当面对你进行辱骂攻击，四处散播关于你的各种谣言……

没错，这就是典型的"校园欺凌"。欺凌是指一个人或一群人反复使用某种具有攻击性的语言和行为来对待另一个人。这种行为频繁且持续，给当事人身心造成巨大的痛苦。

那么，为什么会被欺凌呢，是因为你做错了什么吗？不！一定要牢记，被欺凌不是你的错，存在严重问题的是那些欺凌你的人。欺凌者往往有很强的控制欲，想要用欺凌这种伤害别人的方式来获取别人的注意，有些人甚至本身就遭受过欺凌。因此，受到欺凌一定要说出来，这样才能让欺凌者意识到，他们的这种行为是不正常且不被接受的。

要对欺凌行为坚决说"不"。首先自己一定不要成为欺凌者；其次，当你遭受欺凌时，要在第一时间明确欺凌者的真正意图，不要丢失自信，要冷静从容地直面欺凌者。同时，要先保护自己的人身安全，分清局势，明确当下的第一要义是保护好自己，事后再用合理的方式争取自己的权益，更要及时说出自己的遭遇，向信任的人求助。

50 如何正确面对长辈或老师的批评？

面对长辈或老师的批评，学会用智慧化解其中的"麻辣味"。

成长的路上，长辈和老师是我们的引路人，他们关心并教导我们，带着我们一步步"向前走"。正因如此，我们也不可避免地会面对他们的批评。

面对批评，我们首先要保持冷静和尊重，认真听取他们的观点和意见，进而理解招致批评的原因。如果确实是自己犯了错，比如因为贪玩忘记了写作业，不管批评程度轻重，我们都应及时承认错误，改正自己的行为，并感谢他们的关注和指导，告诉他们我们明白其中的良苦用心。

当然，有些批评可能是因为某些误解引发的，比如一直成绩优异的你这次考试只考了七十多分，妈妈批评你不好好学习导致退步，却不知道这次考题普遍偏难，你的成绩其实在班里已算位列前茅。这时你更要冷静分析，适时表达自己的观点和感受，用诚恳的态度说明真相。记住，真诚的沟通永远是解决问题的关键。

长辈或老师的批评就像一道道"麻辣味"的菜肴，虽然有时味道重了点，却能让我们从中品尝到成长的滋味。无论是直面错误、积极改正，还是冷静应对、巧妙沟通，我们都要保持积极的心态，用实际行动证明自己，让成长之路越走越宽。

51 考试没考好怎么办?

考试就像一面镜子，既照出你对知识的掌握程度，
更照出你对人生的态度。

考试成绩出来了，你考得不好，回家的路上你一直担心被
父母责罚，计划对考试成绩守口如瓶。可是，这样或许能瞒过
一时，但会导致你整日在担忧中度过。而一旦被父母发现，他
们可能不仅要批评你没考好，还会认为你撒谎而更加愤怒。

那么，正确的做法应该是什么呢?

首先，要给自己一个交代。考试是对自己过往学习成果的
检测，并不是为父母而考，所以比起担心父母责罚，更应该
做的是仔细分析没考好的原因，找出哪些是学习中的疏漏内
容，哪些是可以在考试中避免的错误，从而让自己在下一次
考试中取得进步。

然后，诚实地告知父母，勇敢地承认不足，并且一并告知
你反省之后找到的原因，做出的改进计划，以及为下次考试设
定好的目标。

学习是一个不断完善的过程，人生中会有很多次考试，一
次考试结果不能代表一切，却记录着你人生道路上的每一步。
父母看似在意你的成绩，其实真正在意的是你对待自己人生的
态度。只要你端正态度，他们自然也会感到欣慰，即使对你的
成绩仍有不满，也会对你更加信任，相信你下次能做得更好。

52 选择困难，怎么办？

不要害怕做选择，成长是一步步积累智慧与经验的过程。

生活中，我们常常会遇到需要做出选择的时候。每当这时，我们总是难以决定，不知道哪个才是正确的选择。这种感觉可能会让我们感到焦虑，或者因犹豫导致错失机遇而后悔不已。为什么会出现这种情况呢？

可能是因为我们认识问题的能力不足，无法对所有选项进行全面的评估。又或者是因为我们害怕做出错误的选择，担心后果会影响我们的生活。此外，不自信也是导致难以选择的原因之一。如果我们缺乏自信，就会怀疑自己的判断能力，难以做出决策。

分清事情的轻重缓急，能帮我们避免很多这种选择困境。对涉及学业、健康、安全等重要的事情，要认真且谨慎地思考。有时大脑会受外界影响，让我们感到犹豫不安，这时要学会静下心来，聆听自己内心的声音，做出最合适的选择。对一些无关紧要的事，如选什么颜色的书包，今天吃什么等小事，则可以采用"随它去"的态度去应对，在无伤大雅的前提下，每种选择都有各自的精彩。

另外，多读书，多学习，多实践，个人能力提高了，决策能力自然也会随之提高，你也就能更加自信、坚定地做决定了。

53 为什么总感觉时间不够用？

学会与时间做朋友，减少时间不够用的焦虑感。

你的周末或假日是不是反而比上学日还要忙，既要出去玩，又要上兴趣班，当然，还要写作业。你是不是觉得一直在"赶时间"，可时间又根本不够用，恨不得一天有几十个小时才好。

如果说世界上有什么是绝对公平的，那就是时间。每个人的一天都是 24 小时，你总觉得时间不够用，这在心理学中称为"时间匮乏"，指个体主观上感觉"拥有"的时间少于"需要"的时间，这主要源于我们缺乏正确的时间观念，对时间采取了不合理的管理与规划。

要想摆脱这种时间匮乏的状态，我们就要改变自己与时间的关系，学会与时间做朋友。最直接的办法就是调整所有事情的优先级，将更多的时间花在对自己有意义的事情上。你可以先将一天内所有要做的事情列在一张表格中，依次梳理每件事情的用途和优先级。比如，上学、写作业是必须做的，读书、运动是对长远有益的，玩游戏、看电视则只是适度的放松与消遣。因此，写作业的优先级高于玩游戏，做完重要的事情再去做次要的事情。

当你与时间成为朋友，学会用更好的方式去花时间，你会发现自己的时间好像瞬间充裕了许多。

54 劳逸结合的"逸"要如何规划？

劳逸结合的正确打开方式：学习—休息—学习。

你吃完晚饭就看起了电视，妈妈催促你先去写作业，你却说："老师说了，要劳逸结合！"可你这真是劳逸结合吗？

劳逸结合，是指工作或学习与休息相结合。一个人的精力不可能始终保持旺盛，经过一段时间的脑力劳动后，大脑会疲劳，导致学习效率降低。这时我们就需要休息一下，让身心都能从紧绷的状态下得到放松，重新为大脑补充能量。学校里安排的课间休息其实就是这个道理。又如你吃完饭先写作业，在写完作业或感到疲惫时选择休息一下，这也属于劳逸结合。

不过，要想让头脑真正得到放松和恢复，选择合适的休息方式也至关重要。看电视当然可以让你感觉放松，但它同样需要用到眼睛和大脑，而且强烈的刺激会令你的神经进入另外一种亢奋状态，很难得到真正的休息。

相比于久坐不动，适当的户外活动、体育锻炼不仅对身心健康有好处，还可以促进大脑的发展。接触大自然则不仅可以放松心情，还能激发你无限的好奇心和想象力。另外，放空、冥想也能让大脑得到很好的放松。当然，如果实在很累，赶紧去睡觉或许是最好的选择哟！

55 不想再学钢琴了

学会打破瓶颈的方法，才能更好地坚持自己的热爱。

你坐在钢琴前对着五线谱埋头练习，楼下传来其他孩子嬉笑打闹的声音，你的脑海中出现了放弃的念头。那么，你想放弃是因为你不喜欢弹琴吗，还是因为你更想下楼去做游戏？加入楼下的欢笑中，真的会比练会一首乐曲更让你开心吗？

既然在学习钢琴，那必然是因为你曾很喜欢弹琴。回想一下最初爱上弹琴时的雀跃，妈妈给你报名钢琴班时的欢喜，以及自己能够完整弹出一整首曲子时的骄傲，弹琴是不是也曾带给你无与伦比的快乐？再想想，是什么让你有了退却的念头呢？是钢琴太难，一直没有突破，让你感到挫败，还是独自练习太枯燥，让你再也感受不到弹琴的快乐和成就感，抑或老师的授课方式你不喜欢？

无论什么原因，你都可以告诉父母，你们一起想办法。比如，试着换一位更适合自己的老师，寻找更好的突破方法；或者让自己化身"小老师"，教父母弹基础曲谱来获得成就感。你还可以尝试登台表演，靠掌声来激励自己不断向前。

让掌控感带来更大的胜任感，延续这份珍贵的热爱吧。

56 总喜欢待在舒适区怎么办？

舒适区的范围不会一成不变，它的边界由你亲自来划定。

你可以观察一下自己的书架，会不会发现有些书一眼看去就知道已经被翻过了很多遍？这些书可能薄薄的，其中的内容和情节你也耳熟能详。有些书却一直放在那里，连塑封都没有拆掉。这些书要么文字量很大，要么主题严肃、深沉，令你有些胆怯，不愿翻开。其实，这是因为你习惯待在舒适区，还不知道该如何走出边界，去发现更大的世界。

舒适区可以给我们足够的安全感，想要待在舒适区是人的本能，这并不是什么大问题。只不过，总是待在舒适区会让我们给自己的世界打上界桩，与未知的人生体验失之交臂。

想要获得更丰富多彩的人生体验，我们要做的不是彻底告别舒适区，而是通过迎接一点点挑战来不断发掘自己的潜能，从而拓宽边界，创造更大的舒适区。你可以先给自己制定一个目标，再将任务细致地分解出步骤，一步步按计划来。比如，挑一本没拆封的书，把塑封膜拆开，每天先读上 10 页吧。

舒适区让我们觉得安全，而尝试舒适区以外的挑战会让我们收获意外的惊喜。请你保持好奇，鼓起勇气去挑战，一点点拓宽自己的舒适区吧。

57 拥抱成就感，但不要被困在其中

真正的成就感，来自成长和突破。

课堂上，你答对问题得到老师的表扬后，是不是会更积极地回答第二次提问？这是因为你获得了成就感。

当通过自己的努力完成一项挑战后，你心里会有一种很痛快的感觉，这就是成就感。这其实是因为大脑中存在一种叫作多巴胺的神经递质。具有不确定性的"挑战"会刺激多巴胺释放，令我们获得满足、快乐等痛快的感受，并不断驱动我们再去追求新的挑战以获得更多的愉快和满足。

成就感很重要，它能激励我们不断挑战自我，然而，它也是一把双刃剑，若只沉迷于追逐成就感，不仅不会让人进步，反而可能使人堕落。

当挑战越来越大，获得成就感的难度也就越来越大。如果你还是只沉迷于追逐成就感，就会退而去做一些更容易获得这种成就感刺激的事情。比如沉迷游戏里的通关升级，而这不仅不会激励你进步，反而会导致你浪费大量宝贵的时间。

要想避免这种情况发生，我们首先要正视成就感，成功的时候就痛快地高兴，接受它所带来的正反馈，积极进入新的挑战。然后，收起虚荣心，忘掉之前的成就，专注迎接新的挑战，勇敢突破，这样获得的成功才会带给你真正的成就感。

58 在教室里放屁了，好尴尬

有些时候，化解尴尬的最好处理方式是"厚脸皮"。

安静的教室里，你一不小心放了一个声音很大的屁，同学们都转过头看你，你尴尬得脸红心跳，直想找个地缝钻进去。

人食五谷杂粮，放屁是特别正常的生理现象，在教室里放屁也算是一种你无法左右的"不可抗力"。就连美国总统都有当众放屁被登上新闻的时候呢。如果你不想让大家觉得你没有礼貌，可以在放屁之时咳嗽一声，或者故意把书本掉在地上弄出点声音来掩盖。

不过，你要知道，"尴尬"是种特殊的心理状态，往往因自尊心而生，与羞耻心联系在一起。对于尴尬，心理学领域的共识是，一个人觉得自己的言行违背了别人眼中的标准，进而担心别人对自己产生负面评价。所以，放屁本不会令人尴尬，你介意的不过是"别人在场"罢了。

我们没有办法避免尴尬，但可以在日常里积累应对尴尬的信心和韧性。对同一件事，有的人觉得极度尴尬，有的人却会觉得不值一提。那些让你感觉尴尬的事，恰恰都是你在意的事。你越对它在意，它越会影响到你。这个时候，我们要重新审视自己的判断，千万不要在别人评判自己之前，先自己审判了自己。

你在教室里放了一屁，为免尴尬，你可以……

措施1：
大声咳嗽，掩盖声音

结果：同学以为你感冒了，躲得离你远远的。

措施2：
碰掉书本，掩盖声音

结果：低头捡书时，头碰到了桌子。

措施3：
四处张望，寻找"真凶"

结果：老师点名批评。

措施4：
赖给同桌，移花接木

结果：同桌反驳，说出真相，你俩吵成一团。

59 袜子破洞、玩具坏了就要扔？

动手动脑，节俭永不过时。

总听爷爷奶奶说起，他们那个年代的东西坏了都会想办法修一修，"新三年，旧三年，缝缝补补又三年"。那么，到了今日，看到袜子破洞、玩具坏了几个零件时，你会选择丢弃还是修补后继续使用呢？

现在人们遇到坏掉的东西总会下意识选择丢掉，虽然这种处理事物的方式并不算错，但是，这样不仅是对资源的浪费，更会让我们失去很多发挥创造力、锻炼动手能力的机会，也许还会失去很多让坏掉的东西借由自己的创意焕发新生时油然而生的成就感与自信心。比如，长期使用的坐垫边角开了线，给它缝上一圈蕾丝花边，不仅让它更结实，也可让它焕新颜。

另外，对于一些轻微损坏的简单机械，自己动手维修不仅能培养动手能力和解决问题的能力，还能在维修过程中了解这些物品的结构和工作原理。比如，通过维修闹钟，你可以了解动力来源（发条）的种类与结构，以及它运转的原理。这对立体空间思维的培养，以及数学、物理等科目的学习都有帮助。

当然，我们不可能保证所有东西都能自己动手修好。不过，这些小小的失败体验同样意义重大，因为它们能让我们学会接受失败，提高我们的抗挫折能力，让我们拥有更强大的内心。

60 旧物有时是一种传承

> 每件旧物都代表着一段回忆，一个故事，一种情感。

生活中经常会有一些旧物被闲置一旁，甚至被当作垃圾丢弃。但是，你知道吗，旧物有时也是一种传承。

很多国家的神话里都有一种"旧物精灵"，传说它们会陪伴、保佑物品的主人。旧物是你曾经生活的参与者，它们保留着伴随过你成长的余温与回忆。对于这些过往生活的见证者，如果我们轻易丢弃，不仅是浪费资源，更是丢弃了那段宝贵的记忆。当然，随着生活需求的变化，我们不可能将所有旧物一直保留，那么如何才能更好地处理它们呢？

对于那些确实已用不上的旧物，我们可以把它们捐赠给需要的人，或者卖给二手物品店，这样我们的旧物就会变成别人的新物，而我们也能够感受到一种传承的快乐。

对于珍爱的旧物，我们可以进行一些简单的修理和维护，让它们变得更耐用，或者也可以将它们妥善地保存起来，等待那个需要再次打开回忆的时刻到来。比如，妈妈小时候的毛衣，现在你穿刚刚好，这样传承着回忆的旧物，是不是感觉很温馨呢？

现在，再来看看储物箱里的那些旧物，你想好怎么处理它们了吗？

61 正确认识社交媒体，防止过度沉迷

社交媒体是把双刃剑，如何用好，尽在你的行动中。

如今，社交媒体已成为我们生活中不可或缺的一部分。它能让我们与家人、朋友随时保持联系，还能帮我们扩大社交圈，认识更多志同道合的朋友。我们可以在社交媒体上获取信息，学习知识，了解全世界发生的事。然而，尽管社交媒体能带来诸多好处，但如果沉迷其中，它更会带给你不可估量的危害。

与在现实社会中获得某种成就相同，当你在社交媒体发布某项动态并获得点赞，大脑也会释放多巴胺，产生愉悦感。然而，这种简单易得的即时满足会让人们对现实社会中那些只能缓慢获得成就感的事失去耐心，从而变得抑郁、焦虑或恐惧真实的社交。尤其对于青少年，频繁使用社交媒体会影响其大脑发育，促使其不断寻找即时满足，甚至因此引发其他成瘾行为。另外，过度依赖社交媒体还容易遭遇网络欺凌或骚扰，使人变得自卑、抑郁，严重影响心理健康。

防止沉迷最重要的是明确自己使用网络的目的，并严格控制使用时间，比如使用一些定时软件。同时多阅读，多运动，多接触现实中真实的人和事，进行面对面的情感沟通，建立健康的人际关系，你会发现现实社会远比网络更美好。

123

62 哪些"星"值得追？

偶像是镜子，映射出的是你希望自己成为的样子。

课间，同学们聚在一起讨论各自的明星偶像，这个人演技好，那个人造型棒……七嘴八舌，好不热闹。不过，在爸爸妈妈眼里，这或许是不务正业。这时你可以告诉他们，崇拜偶像是自古以来就有的现象。

春秋时期，范蠡辅佐越王勾践，助力越国一举灭掉了吴国后，便乘舟隐遁。越王勾践命人用黄金打造了范蠡的模样，这座黄金雕像就被古人称为"偶像"。越王每天对着偶像行礼，时刻提醒自己要向范蠡学习，不断精进，完善自我。你看，偶像其实是一种精神力量，激励着一个人成为更好的自己。

追星的背后其实隐含着一种自我提升的意愿，而偶像的定义自然也不仅限于明星。运动健儿的拼搏、坚韧意志和强大稳定的精神内核，科学家的严谨、不竭的探索欲和实验精神，哲学家的批判思维、对世界的思考，艺术家打破自我边界的创新意识……他们具备的优秀品质和精神，都是值得每个人学习的亮点。这样的人更是值得追的"星"。

总而言之，只要一个人的身上有你欣赏的亮点，无论是优秀的品质还是高超的本领，你都可以将他视为偶像，向他学习，让自己变得更好。

63 为什么我们需要梦想？

梦想会推动你更好地前进。

当别人问"你的梦想是什么"时，你沮丧地发现，好像自己的想法总在变，有很多却又没法具体说出是哪个。你不禁疑惑，人为什么一定要有梦想呢？

我们需要梦想，因为它不仅是内心渴望的体现，更是推动我们超越现状、实现自我价值的重要力量。无论是在个人成长的道路上，还是在社会发展的历程中，梦想都是不可或缺的。

马斯洛需求层次理论中，自我实现是人类需求的最高层。梦想就是自我实现的桥梁和个人成长的催化剂，它帮我们明确自己的潜能所在，促使我们设定目标，激发内在动力，不断学习和进步。而社会是人的集合，社会进步更离不开个人梦想。要知道，历史上的许多重大变革都是由先驱者们的梦想驱动的。

当然，你也要知道，梦想不会轻易实现，想成为什么样的人，就要付出什么样的努力。或许你最终也没能实现最初的梦想，但这并不意味着你所有的努力都白费了。相反，所有努力都是有价值的，每个阶段的经历都会让你成长，教会你如何接受和处理生活中的挑战。

梦想让生活变得丰富多彩，支持我们在困难面前坚持不懈。勇敢地追逐梦想吧，它们会在你的成长中绽放耀眼的光芒。

64 大胆地想象，勇敢地"做梦"

> 想象力比知识更重要，因为知识有限，而想象无界。

金刚狼会自我修复，X教授有读心术，哈利·波特会施展神奇魔法，大银幕上还有许多这样的角色有着超乎想象的能力，深受小朋友们的喜爱。试想一下，如果没有创作者调动想象力，为这些人物赋予特殊能力，他们还会这么受欢迎吗？

想象力不仅能激发文学、影视、艺术创作，还会驱动文明发展。因为，我们讨论的想象力不是"空想"，我们说的"做梦"也不是"白日做梦"，而是在敢于想象的同时，更要行动起来，把想象变成现实，把不可能变成可能。

一百多年前的一天，牧羊人的两个儿子看到在天空中飞翔的大雁，好奇地问父亲大雁的去向。父亲说大雁要躲避寒冷，飞向温暖的地方。两个孩子想象自己要是也可以飞就好了。父亲对此回应道：只要你想，你就可以做到。几十年后，兄弟二人真的造出了世界上第一架飞机。他们就是爱"做梦"的莱特兄弟。

很多时候，想象力比知识更重要。因为知识是对过往的总结和积累，想象力却没有边界，决定着未来创新的无限可能。如果你有一个超越现实的想法，不要因为"脱离现实"而否定它，行动起来，努力去将想象化为现实吧。

65 铭记成长中的一些重要时刻

人生没有白走的路，每一步，都算数。

你还记得第一次挺身而出帮助同学时得到的感谢吗？还记得第一次因为犯错被批评时的脸红心跳吗？

每个人的成长过程中总会有这样的一些时刻，它们不一定会左右你的人生方向，但会成为你改变自己、收获成长的重要契机。它们有的充满欣喜，让你有种"我长大了"的成就感，有的则刺痛内心，让你感到悔恨或无力。

性格内向的你第一次上台表演，大家的掌声和赞美让你体验到，克服胆怯后获得成功的喜悦和满足感，这种感觉会激励你不断前进，成为更加自信的人。自信满满的你在数学竞赛中失利，这种挫败感让你难过沮丧，但也会促使你变得更加谦虚、谨慎，学会吸取教训，为下一次比赛做好准备。

这一个个重要的时刻，教会了我们如何克服困难、应对挑战，如何与他人建立联系，以及如何成为更好的自己，让我们不断成长蜕变。铭记这些重要的时刻，把它们记在心里，写进日记里，或者拍成小视频存在电脑里。多年以后，你不仅可以笑着回顾是哪些成长的阶梯塑造了现在的自己，或许还能为未来的自己积累一些经验和启示。

131

66 全球变暖，我能做些什么？

给地球"降温"，我们可以做很多。

全球变暖，这个词似乎离我们很遥远，实际上却早已成为与我们生活息息相关的现实问题。它不仅危害自然生态系统的平衡，还会威胁人类的食物供应和居住环境。你或许会想，挑战如此严峻，我又能做些什么呢？其实，你可以做的事有很多。

首先，你可以节能减排，从巧妙使用家用电器做起。比如，煮饭时提前用水将米浸泡 10 分钟，然后再开启电饭锅煮饭，就可以缩短煮饭时长，还能节约 10% 左右的电量。煮好饭后立即拔下插头，不仅能节电，还能减少电饭锅的使用损耗。

其次，珍惜宝贵水资源，日常用水注重二次利用。淘米水具有去油污的作用，不妨把淘过米的水集中起来，用来洗菜、刷碗。喝剩的茶水用来擦洗门窗和家具，效果也非常好。还有很多废水再利用的小窍门，你也可以慢慢挖掘。

此外，选择环保的出行方式，既节能减排，又强身健体。骑上共享自行车能锻炼身体，乘坐公交车能欣赏沿途风景，搭乘地铁不用担心交通拥堵，何乐而不为呢！

美丽的地球是我们共同生存的大家园。每个小家的一举一动，都会影响大家园的环境走向。让我们一起，从小家，从我做起，为大家园"降温"吧。

图书在版编目（CIP）数据

做自己的主人 / 三五锄教育著；侯志绘 . -- 昆明：
晨光出版社，2024.9
（在我长大之前）
ISBN 978-7-5715-1910-0

Ⅰ . ①做… Ⅱ . ①三… ②侯… Ⅲ . ①生活教育 – 小
学 – 教学参考资料 Ⅳ . ① G621

中国国家版本馆 CIP 数据核字 (2023) 第 069530 号

ZUO ZI JI DE ZHU REN
做自己的主人

三五锄教育——著　侯志——绘

出 版 人 杨旭恒

项目策划 禹田文化
责任编辑 李 洁
项目编辑 孙淑婧
营销编辑 赵 莎
美术编辑 沈秋阳
装帧设计 沈秋阳
内文排版 史明明
责任印制 盛 杰

出 版 晨光出版社
地 址 昆明市环城西路 609 号新闻出版大楼
邮 编 650034
发行电话 （010）88356856 88356858
印 刷 小森印刷霸州有限公司
经 销 各地新华书店
版 次 2024 年 9 月第 1 版
印 次 2024 年 9 月第 1 次印刷
开 本 145mm×210mm 32 开
印 张 4.5
I S B N 978-7-5715-1910-0
字 数 86 千
定 价 29.00 元

退换声明：若有印刷质量问题，请及时和销售部门（010-88356856）联系退换。